따라 쓰기만 하면 평생 마음판에 새겨지는

성경 The Bible 2.0

어린이 필사노트

❶ 믿음·사랑·기쁨·평안

KB193093

헤르몬

성경2.0 어린이 필사노트 ❶
믿음, 사랑, 기쁨, 평안

초판 발행   2019년 4월 8일
재판 발행   2022년 5월 27일 (개정 1쇄)

엮은이   성경 2.0 기획위원회
그 림   배광선
디자인   필 로
펴낸곳   헤르몬

등록번호   제406-2015-31호 (2015년 3월 27일)
주 소   경기도 파주시 신촌로 16
전 화   031) 8071-0088   팩 스   031) 942-8688
이메일   pnpbook@naver.com

ISBN 979-11-91188-94-3 (64230)
ISBN 979-11-91188-93-6 (64230) (세트)

여호와를 기뻐하라
그가 네 마음의 소원을 네게 이루어주시리로다

-시편 37편 4절-

◎이 책을 더 재미있게 가지고 놀기

《성경2.0 어린이 필사노트》는 꾸준히 따라 쓰기만 하면
다양하고 깊이 있는 말씀이 마음판에 저절로 새겨지도록 구성되어
있습니다.

1. 성경 말씀을 두 번씩 따라 쓰세요.

연하게 인쇄된 성경 본문을 한 번 읽고, 그 위에 따라 써보세요.
두 번째로는 그 밑에 여러분의 글씨로 멋지게 다시 한번 써보세요.
(성경 본문은 개역개정판을 사용했어요)

2. 한 번 더 마음에 새기기!

페이지를 뒤로 넘기기 직전에 따라 썼던 4~5개의 구절을
다시 한번 읽어보며 마음에 새겨보세요.

3. 즐거운 색칠 공부

열심히 말씀을 읽고 배운 여러분에게
즐거운 컬러링 시간이 기다리고 있어요.
마음껏 색칠해보세요!

하나님이 세상을 이처럼 사랑하사 독생자를 주셨

으니 이는 그를 믿는 자마다 멸망하지 않고 영생

을 얻게 하려 하심이라(요한복음 3장 16절)

그러므로 우리가 믿음으로 의롭다 하심을 받았으

니 우리 주 예수 그리스도로 말미암아 하나님과

화평을 누리자(로마서 5장 1절)

믿음이 없이는 하나님을 기쁘시게 하지 못하나니

하나님께 나아가는 자는 반드시 그가 계신 것과

또한 그가 자기를 찾는 자들에게 상 주시는 이심

을 믿어야 할지니라(히브리서 11장 6절)

우리가 믿음으로 행하고 보는 것으로 행하지 아니

함이로라(고린도후서 5장 7절)

예수께서 이르시되 나는 생명의 떡이니 내게 오는

자는 결코 주리지 아니할 터이요 나를 믿는 자는

영원히 목마르지 아니하리라(요한복음 6장 35절)

믿는 너희에게는 보배이나 믿지 아니하는 자에게

는 건축자들이 버린 그 돌이 모퉁이의 머릿돌이

되고(베드로전서 2장 7절)

이에 제자들에게 이르시되 어찌하여 이렇게 무서

워하느냐 너희가 어찌 믿음이 없느냐 하시니(마가

복음 4장 40절)

너희는 그 은혜에 의하여 믿음으로 말미암아 구원

을 받았으니 이것은 너희에게서 난 것이 아니요 하

나님의 선물이라(에베소서 2장 8절)

영접하는 자 곧 그 이름을 믿는 자들에게는 하나

님의 자녀가 되는 권세를 주셨으니(요한복음 1장 12절)

내가 진실로 진실로 너희에게 이르노니 내 말을 듣

고 또 나 보내신 이를 믿는 자는 영생을 얻었고

심판에 이르지 아니하나니 사망에서 생명으로 옮

겼느니라(요한복음 5장 24절)

예수께서 그리스도이심을 믿는 자마다 하나님께로

부터 난 자니 또한 낳으신 이를 사랑하는 자마다

그에게서 난 자를 사랑하느니라(요한일서 5장 1절)

오늘 있다가 내일 아궁이에 던져지는 들풀도 하나

님이 이렇게 입히시거든 하물며 너희일까보냐 믿음

이 작은 자들아(누가복음 12장 28절)

복음에는 하나님의 의가 나타나서 믿음으로 믿음

에 이르게 하나니 기록된 바 오직 의인은 믿음으로

말미암아 살리라 함과 같으니라(로마서 1장 17절)

믿음으로 모든 세계가 하나님의 말씀으로 지어진

줄을 우리가 아나니 보이는 것은 나타난 것으로

말미암아 된 것이 아니니라(히브리서 11장 3절)

예수께서 이르시되 나는 부활이요 생명이니 나를

믿는 자는 죽어도 살겠고 무릇 살아서 나를 믿는

자는 영원히 죽지 아니하리니 이것을 네가 믿느냐

(요한복음 11장 25~26절)

너희가 다 믿음으로 말미암아 그리스도 예수 안에

서 하나님의 아들이 되었으니(갈라디아서 3장 26절)

믿음의 주요 또 온전하게 하시는 이인 예수를 바라

보자. 그는 그 앞에 있는 기쁨을 위하여 십자가를

참으사 부끄러움을 개의치 아니하시더니 하나님

보좌 우편에 앉으셨느니라(히브리서 12장 2절)

예수께서 그들에게 대답하여 이르시되 하나님을

믿으라(마가복음 11장 22절)

그런즉 너희는 먼저 그의 나라와 그의 의를 구하

라. 그리하면 이 모든 것을 너희에게 더하시리라.

그러므로 내일 일을 위하여 염려하지 말라. 내일

일은 내일이 염려할 것이요 한 날의 괴로움은 그날

로 족하니라(마태복음 6장 33~34절)

할례자도 믿음으로 말미암아 또한 무할례자도 믿

음으로 말미암아 의롭다 하실 하나님은 한 분이시

니라(로마서 3장 30절)

여호와여 주의 이름을 아는 자는 주를 의지하오리

니 이는 주를 찾는 자들을 버리지 아니하심이니이

다(시편 9편 10절)

내 사랑하는 형제들아 들을지어다. 하나님이 세상
에서 가난한 자를 택하사 믿음에 부요하게 하시
고 또 자기를 사랑하는 자들에게 약속하신 나라
를 상속으로 받게 하지 아니하셨느냐(야고보서 2장 5절)

너희는 마음에 근심하지 말라. 하나님을 믿으니
또 나를 믿으라(요한복음 14장 1절)

그리스도 예수 안에서는 할례나 무할례나 효력이

없으되 사랑으로써 역사하는 믿음뿐이니라(갈라디

아서 5장 6절)

우리가 그 안에서 그를 믿음으로 말미암아 담대

함과 확신을 가지고 하나님께 나아감을 얻느니라

(에베소서 3장 12절)

내가 그리스도와 함께 십자가에 못 박혔나니 그런즉 이제는 내가 사는 것이 아니요 오직 내 안에 그리스도께서 사시는 것이라. 이제 내가 육체 가운데 사는 것은 나를 사랑하사 나를 위하여 자기 자신을 버리신 하나님의 아들을 믿는 믿음 안에서 사는 것이라(갈라디아서 2장 20절)

내가 네게 명령한 것이 아니냐 강하고 담대하라

두려워하지 말며 놀라지 말라 네가 어디로 가든지

네 하나님 여호와가 너와 함께 하느니라 하시니

라(여호수아 1장 9절)

내가 두려워하는 날에는 내가 주를 의지하리이다

(시편 56편 3절)

예수께서 여자에게 이르시되 네 믿음이 너를 구

원하셨으니 평안히 가라 하시니라(누가복음 7장 50절)

너희는 그를 죽은 자 가운데서 살리시고 영광을

주신 하나님을 그리스도로 말미암아 믿는 자니 너

희 믿음과 소망이 하나님께 있게 하셨느니라(베드로

전서 1장 21절)

성경2.0
어린이 필사노트 **1**-2

사랑

우리가 아직 죄인 되었을 때에 그리스도께서 우리를 위하여 죽으심으로 하나님께서 우리에 대한 자기의 사랑을 확증하셨느니라(로마서 5장 8절)

우리가 이 계명을 주께 받았나니 하나님을 사랑하는 자는 또한 그 형제를 사랑할지니라(요한일서 4장 21절)

유월절 전에 예수께서 자기가 세상을 떠나 아버지

께로 돌아가실 때가 이른 줄 아시고 세상에 있는

자기 사람들을 사랑하시되 끝까지 사랑하시니라

(요한복음 13장 1절)

무엇보다도 뜨겁게 서로 사랑할지니 사랑은 허다

한 죄를 덮느니라(베드로전서 4장 8절)

사랑은 오래 참고 사랑은 온유하며 시기하지 아니

하며 사랑은 자랑하지 아니하며 교만하지 아니하

며 무례히 행하지 아니하며 자기의 유익을 구하지

아니하며 성내지 아니하며 악한 것을 생각하지 아

니하며 불의를 기뻐하지 아니하며 진리와 함께 기

뻐하고(고린도전서 13장 4~6절)

하나님이 우리를 사랑하시는 사랑을 우리가 알고

믿었노니 하나님은 사랑이시라. 사랑 안에 거하는

자는 하나님 안에 거하고 하나님도 그의 안에 거

하시느니라(요한일서 4장 16절)

미움은 다툼을 일으켜도 사랑은 모든 허물을 가

리느니라(잠언 10장 12절)

오직 성령의 열매는 사랑과 희락과 화평과 오래 참

음과 자비와 양선과 충성과 온유와 절제니 이 같은

것을 금지할 법이 없느니라(갈라디아서 5장 22~23절)

주께서 우리가 너희를 사랑함과 같이 너희도 피차

간과 모든 사람에 대한 사랑이 더욱 많아 넘치게

하사(데살로니가전서 3장 12절)

내가 네게 말하노니 그의 많은 죄가 사하여졌도

다. 이는 그의 사랑함이 많음이라. 사함을 받은 일

이 적은 자는 적게 사랑하느니라(누가복음 7장 47절)

새 계명을 너희에게 주노니 서로 사랑하라. 내가

너희를 사랑한 것같이 너희도 서로 사랑하라(요한

복음 13장 34절)

사랑을 받는 자녀같이 너희는 하나님을 본받는 자

가 되고 그리스도께서 너희를 사랑하신 것같이 너

희도 사랑 가운데서 행하라(에베소서 5장 1~2절)

사랑하는 자들아 하나님이 이같이 우리를 사랑하

셨은즉 우리도 서로 사랑하는 것이 마땅하도다(요

한일서 4장 11절)

예수께서 이르시되 네 마음을 다하고 목숨을 다

하고 뜻을 다하여 주 너의 하나님을 사랑하라 하

셨으니 이것이 크고 첫째 되는 계명이요 둘째도 그

와 같으니 네 이웃을 네 자신같이 사랑하라 하셨

으니 이 두 계명이 온 율법과 선지자의 강령이니라

(마태복음 22장 37~40절)

사랑하는 자들아 우리가 서로 사랑하자. 사랑은

하나님께 속한 것이니 사랑하는 자마다 하나님으

로부터 나서 하나님을 알고 사랑하지 아니하는 자

는 하나님을 알지 못하나니 이는 하나님은 사랑이

심이라(요한일서 4장 7~8절)

누구든지 하나님을 사랑하면 그 사람은 하나님도

알아주시느니라(고린도전서 8장 3절)

채소를 먹으며 서로 사랑하는 것이 살진 소를 먹

으며 서로 미워하는 것보다 나으니라(잠언 15장 17절)

이 모든 것 위에 사랑을 더하라. 이는 온전하게

매는 띠니라(골로새서 3장 14절)

나를 사랑하는 자들이 나의 사랑을 입으며 나를

간절히 찾는 자가 나를 만날 것이니라(잠언 8장 17절)

사랑은 이웃에게 악을 행하지 아니하나니 그러므

로 사랑은 율법의 완성이니라(로마서 13장 10절)

자녀들아 우리가 말과 혀로만 사랑하지 말고 행

함과 진실함으로 하자(요한일서 3장 18절)

내가 확신하노니 사망이나 생명이나 천사들이나

권세자들이나 현재 일이나 장래 일이나 능력이나

높음이나 깊음이나 다른 어떤 피조물이라도 우리

를 우리 주 그리스도 예수 안에 있는 하나님의 사

랑에서 끊을 수 없으리라(로마서 8장 38~39절)

나의 힘이신 여호와여 내가 주를 사랑하나이다(시

편 18편 1절)

너는 마음을 다하고 뜻을 다하고 힘을 다하여 네

하나님 여호와를 사랑하라(신명기 6장 5절)

그런즉 믿음, 소망, 사랑, 이 세 가지는 항상 있을

것인데 그 중의 제일은 사랑이라(고린도전서 13장 13절)

이는 너희가 나를 사랑하고 또 내가 하나님께로

부터 온 줄 믿었으므로 아버지께서 친히 너희를

사랑하심이라(요한복음 16장 27절)

아버지께서 나를 사랑하신 것같이 나도 너희를

사랑하였으니 나의 사랑 안에 거하라(요한복음 15

장 9절)

보라 아버지께서 어떠한 사랑을 우리에게 베푸사 하

나님의 자녀라 일컬음을 받게 하셨는가(요한일서 3장 1절)

너희 듣는 자에게 내가 이르노니 너희 원수를 사

랑하며 너희를 미워하는 자를 선대하며 너희를

저주하는 자를 위하여 축복하며 너희를 모욕하는

자를 위하여 기도하라(누가복음 6장 27~28절)

주께서 우리가 너희를 사랑함과 같이 너희도 피차

간과 모든 사람에 대한 사랑이 더욱 많아 넘치게

하사 너희 마음을 굳건하게 하시고 우리 주 예수

께서 그의 모든 성도와 함께 강림하실 때에 하나

님 우리 아버지 앞에서 거룩함에 흠이 없게 하시기

를 원하노라(데살로니가전서 3장 12~13절)

성경2.0
어린이 필사노트 ①-3

기쁨

여호와를 기뻐하라. 그가 네 마음의 소원을 네게

이루어주시리로다(시편 37편 4절)

형통한 날에는 기뻐하고 곤고한 날에는 되돌아보

아라. 이 두 가지를 하나님이 병행하게 하사 사람

이 그의 장래 일을 능히 헤아려 알지 못하게 하셨

느니라(전도서 7장 14절)

항상 기뻐하라. 쉬지 말고 기도하라. 범사에 감사하라. 이것이 그리스도 예수 안에서 너희를 향하신 하나님의 뜻이니라(데살로니가전서 5장 16~18절)

주께 피하는 모든 사람은 다 기뻐하며 주의 보호로 말미암아 영원히 기뻐 외치고 주의 이름을 사랑하는 자들은 주를 즐거워하리이다(시편 5편 11절)

시온의 딸아 노래하고 기뻐하라. 이는 내가 와서

네 가운데에 머물 것임이라(스가랴 2장 10절)

천사가 이르되 무서워하지 말라. 보라 내가 온 백

성에게 미칠 큰 기쁨의 좋은 소식을 너희에게 전하

노라. 오늘 다윗의 동네에 너희를 위하여 구주가

나셨으니 곧 그리스도 주시니라(누가복음 2장 10~11절)

내가 나의 침상에서 주를 기억하며 새벽에 주의 말씀을 작은 소리로 읊조릴 때에 하오리니 주는 나의 도움이 되셨음이라. 내가 주의 날개 그늘에서 즐겁게 부르리이다(시편 63편 6~7절)

주 안에서 항상 기뻐하라. 내가 다시 말하노니 기뻐하라(빌립보서 4장 4절)

오히려 너희가 그리스도의 고난에 참여하는 것으

로 즐거워하라. 이는 그의 영광을 나타내실 때에

너희로 즐거워하고 기뻐하게 하려 함이라(베드로전

서 4장 13절)

여호와께서 사람의 걸음을 정하시고 그의 길을 기

뻐하시나니(시편 37편 23절)

그런즉 누구든지 그리스도 안에 있으면 새로운 피

조물이라. 이전 것은 지나갔으니 보라 새 것이 되었

도다(고린도후서 5장 17절)

지금 주린 자는 복이 있나니 너희가 배부름을 얻

을 것임이요 지금 우는 자는 복이 있나니 너희가

웃을 것임이요(누가복음 6장 21절)

나는 여호와로 말미암아 즐거워하며 나의 구원의

하나님으로 말미암아 기뻐하리로다(하박국 3장 18절)

내게는 모든 것이 있고 또 풍부한지라. 에바브로

디도 편에 너희가 준 것을 받으므로 내가 풍족하

니 이는 받으실 만한 향기로운 제물이요 하나님을

기쁘시게 한 것이라(빌립보서 4장 18절)

또 너희는 많은 환난 가운데서 성령의 기쁨으로

말씀을 받아 우리와 주를 본받은 자가 되었으니

(데살로니가전서 1장 6절)

우리 각 사람이 이웃을 기쁘게 하되 선을 이루고

덕을 세우도록 할지니라(로마서 15장 2절)

여호와여 주께서 행하신 일로 나를 기쁘게 하셨으

니 주의 손이 행하신 일로 말미암아 내가 높이 외

치리이다. 여호와여 주께서 행하신 일이 어찌 그리

크신지요 주의 생각이 매우 깊으시니이다(시편 92편

4~5절)

나는 오직 주의 사랑을 의지하였사오니 나의 마음은 주의 구원을 기뻐하리이다(시편 13편 5절)

그때에 우리 입에는 웃음이 가득하고 우리 혀에는 찬양이 찼었도다. 그때에 뭇 나라 가운데에서 말하기를 여호와께서 그들을 위하여 큰일을 행하셨다 하였도다(시편 126편 2절)

내 마음이 여호와로 말미암아 즐거워하며 내 뿔
이 여호와로 말미암아 높아졌으며 내 입이 내 원수
들을 향하여 크게 열렸으니 이는 내가 주의 구원
으로 말미암아 기뻐함이니이다(사무엘상 2장 1절)

하나님이 지으신 그 모든 것을 보시니 보시기에 심
히 좋았더라(창세기 1장 31절)

마음의 즐거움은 양약이라도 심령의 근심은 뼈를

마르게 하느니라(잠언 17장 22절)

내 형제들아 너희가 여러 가지 시험을 당하거든

온전히 기쁘게 여기라. 이는 너희 믿음의 시련이

인내를 만들어내는 줄 너희가 앎이라(야고보서 1장

2~3절)

이와 같이 죄인 한 사람이 회개하면 하늘에서는

회개할 것 없는 의인 아흔아홉으로 말미암아 기뻐

하는 것보다 더하리라(누가복음 15장 7절)

하나님의 나라는 먹는 것과 마시는 것이 아니요

오직 성령 안에 있는 의와 평강과 희락이라(로마서

14장 17절)

사람이 만일 온 천하를 얻고도 제 목숨을 잃으면

무엇이 유익하리요 사람이 무엇을 주고 제 목숨과

바꾸겠느냐(마태복음 16장 26절)

내가 이것을 너희에게 이름은 내 기쁨이 너희 안

에 있어 너희 기쁨을 충만하게 하려 함이라(요한복

음 15장 11절)

그때에 예수께서 성령으로 기뻐하시며 이르시되

천지의 주재이신 아버지여 이것을 지혜롭고 슬기

있는 자들에게는 숨기시고 어린아이들에게는 나

타내심을 감사하나이다. 옳소이다. 이렇게 된 것이

아버지의 뜻이니이다(누가복음 10장 21절)

내게 즐겁고 기쁜 소리를 들려주시사 주께서 꺾으

신 뼈들도 즐거워하게 하소서(시편 51편 8절)

여호와의 속량함을 받은 자들이 돌아오되 노래하

며 시온에 이르러 그들의 머리 위에 영영한 희락

을 띠고 기쁨과 즐거움을 얻으리니 슬픔과 탄식이

사라지리로다(이사야 35장 10절)

성경 2.0
어린이 필사노트 ①-4

평안

평안을 너희에게 끼치노니 곧 나의 평안을 너희에

게 주노라. 내가 너희에게 주는 것은 세상이 주는

것과 같지 아니하니라. 너희는 마음에 근심하지도

말고 두려워하지도 말라(요한복음 14장 27절)

나를 눈동자같이 지키시고 주의 날개 그늘 아래에

감추사(시편 17편 8절)

평강의 주께서 친히 때마다 일마다 너희에게 평강

을 주시고 주께서 너희 모든 사람과 함께하시기

를 원하노라(데살로니가후서 3장 16절)

무릇 하나님께로부터 난 자마다 세상을 이기느니

라. 세상을 이기는 승리는 이것이니 우리의 믿음이

니라(요한일서 5장 4절)

여호와의 말씀이니라. 너희를 향한 나의 생각을

내가 아나니 평안이요 재앙이 아니니라. 너희에게

미래와 희망을 주는 것이니라(예레미야 29장 11절)

주께서 너희를 우리 주 예수 그리스도의 날에 책

망할 것이 없는 자로 끝까지 견고하게 하시리라

(고린도전서 1장 8절)

이것을 너희에게 이르는 것은 너희로 내 안에서 평

안을 누리게 하려 함이라. 세상에서는 너희가 환

난을 당하나 담대하라. 내가 세상을 이기었노라

(요한복음 16장 33절)

여호와는 그 얼굴을 네게로 향하여 드사 평강 주

시기를 원하노라(민수기 6장 26절)

내가 사망의 음침한 골짜기로 다닐지라도 해를 두

려워하지 않을 것은 주께서 나와 함께하심이라.

주의 지팡이와 막대기가 나를 안위하시나이다(시편

23편 4절)

주는 미쁘사 너희를 굳건하게 하시고 악한 자에

게서 지키시리라(데살로니가후서 3장 3절)

내가 너희를 생각할 때마다 나의 하나님께 감사

하며 간구할 때마다 너희 무리를 위하여 기쁨으로

항상 간구함은 너희가 첫날부터 이제까지 복음을

위한 일에 참여하고 있기 때문이라. 너희 안에서 착

한 일을 시작하신 이가 그리스도 예수의 날까지 이

루실 줄을 우리는 확신하노라(빌립보서 1장 3~6절)

나의 하나님이 그리스도 예수 안에서 영광 가운

데 그 풍성한 대로 너희 모든 쓸 것을 채우시리라

(빌립보서 4장 19절)

그리스도의 평강이 너희 마음을 주장하게 하라.

너희는 평강을 위하여 한 몸으로 부르심을 받았

나니(골로새서 3장 15절)

여호와를 경외하는 자 누구냐 그가 택할 길을 그
에게 가르치시리로다. 그의 영혼은 평안히 살고 그
의 자손은 땅을 상속하리로다(시편 25편 12~13절)

나의 사랑하는 자가 내게 말하여 이르기를 나의
사랑, 내 어여쁜 자야 일어나서 함께 가자(아가서 2
장 10절)

내 영혼아 네가 어찌하여 낙심하며 어찌하여 내

속에서 불안해하는가 너는 하나님께 소망을 두

라. 나는 그가 나타나 도우심으로 말미암아 내 하

나님을 여전히 찬송하리로다(시편 42편 11절)

사랑하는 자여 네 영혼이 잘됨 같이 네가 범사에 잘

되고 강건하기를 내가 간구하노라(요한삼서 1장 2절)

주께서 심지가 견고한 자를 평강하고 평강하도록

지키시리니 이는 그가 주를 신뢰함이니이다(이사야

26장 3절)

내가 여호와를 항상 내 앞에 모심이여 그가 나의

오른쪽에 계시므로 내가 흔들리지 아니하리로다

(시편 16편 8절)

그러므로 우리가 낙심하지 아니하노니 우리의 겉

사람은 낡아지나 우리의 속사람은 날로 새로워지

도다(고린도후서 4장 16절)

네 짐을 여호와께 맡기라. 그가 너를 붙드시고 의

인의 요동함을 영원히 허락하지 아니하시리로다(시

편 55편 22절)

내가 하나님 여호와께서 하실 말씀을 들으리니
무릇 그의 백성, 그의 성도들에게 화평을 말씀하
실 것이라. 그들은 다시 어리석은 데로 돌아가지
말지로다(시편 85편 8절)

내가 두려워하는 날에는 내가 주를 의지하리이다
(시편 56편 3절)

주께서 생명의 길을 내게 보이시리니 주의 앞에는

충만한 기쁨이 있고 주의 오른쪽에는 영원한 즐거

움이 있나이다(시편 16편 11절)

소망의 하나님이 모든 기쁨과 평강을 믿음 안에서

너희에게 충만하게 하사 성령의 능력으로 소망이

넘치게 하시기를 원하노라(로마서 15장 13절)

하나님은 우리의 피난처시요 힘이시니 환난 중에

만날 큰 도움이시라(시편 46편 1절)

무리가 마음을 다하여 맹세하고 뜻을 다하여 여

호와를 찾았으므로 여호와께서도 그들을 만나

주시고 그들의 사방에 평안을 주셨더라(역대하 15장

15절)

내가 평안히 눕고 자기도 하리니 나를 안전히 살게

하시는 이는 오직 여호와이시니이다(시편 4편 8절)

내 아들아 나의 법을 잊어버리지 말고 네 마음으

로 나의 명령을 지키라. 그리하면 그것이 네가 장

수하여 많은 해를 누리게 하며 평강을 더하게 하

리라(잠언 3장 1~2절)

너희 염려를 다 주께 맡기라. 이는 그가 너희를 돌

보심이라(베드로전서 5장 7절)

평강의 하나님이 친히 너희를 온전히 거룩하게 하

시고 또 너희의 온 영과 혼과 몸이 우리 주 예수

그리스도께서 강림하실 때에 흠 없게 보전되기를

원하노라(데살로니가전서 5장 23절)

여호와를 기뻐하라
그가 네 마음의 소원을 네게 이루어주시리로다

-시편 37편 4절-